노란 리본

노란 리본

정의행 시집

문학들

| 추천의 글 |

정의행 시집 『노란 리본』의 의미

김준태 시인

바람이 분다! 아, 살아야겠다!
세찬 바람은 내 책을 펼치고 또한 닫는데
물결은 부서져 바위로부터 굳세게 뛰쳐나온다.
날아서 가거라, 온통 눈부신 푸른 책장들이여!
부숴라, 파도여! 솟구치는 물살로 부숴 버려라
돛배가 먹이를 쪼고 있는 이 조용한 지붕을!

— 뽈 발레리(프랑스 시인), 『해변의 묘지』에서

'세월호' 1주기가 돌아온다.
2014년 4월 16일 진도 앞바다에서 침몰한 대한민

국의 여객선 세월호! 인천에서 출항하여 제주도로 향하던 고교 수학여행단과 일반 승객들, 그들의 혼백은 아직도 저승으로 가지 못하고 오늘도 우리들 속에서 중음신처럼 떠돌고 있다. 두 명의 교사와 학생들을 포함한 아홉 명의 실종자는 일 년을 넘기었는데도 소식이 없다. 맹골수도 깊은 바다 물속에 처박힌 세월호는 태평양 저편으로 떠밀려 갔는지도 모른다.

단순 교통사고로 치부하기에는 너무나 어처구니없는 세월호의 최후―304명의 생목숨을 앗아간 이 엄청난 비극의 진상규명을 위하여 바늘 한번 찔러보지 못하고 있으니 과연 우리들이 대한민국 국민이라고 떳떳하게 말할 수 있겠는가. 귀신마저 곡할 갖가지 '의혹'만 남기고 이대로 주저앉아야만 할 것인가.

채 꽃도 피워 보지 못하고 숨져 간 학생들을 죽음(죽임)으로 몰아넣은 '파도의 정체'는 갈수록 미궁 속으로 빠져 들어갈 뿐 메아리도 없다. 국민들은 이제 세월호 참사 특별조사위원회가 있는지 없는지조차 모르고 그에 시위를 하던 유족들은 현행범으로 체포되는 형국이다. 이런 판국에 우린 무엇을 말하고 무엇을 꿈꾸어야 하는가.

    누구는 칠면조처럼 옷을 갈아입지만

우리는 한결같이 노란 리본 달고 있다.
누구는 더 이상 아이들을 찾지 않지만
우리는 밤잠 설치며 아이들을 찾는다.

캄캄한 선실에서 문 두드리는 아이들
차가운 바닷속에서 손 흔드는 아이들
아직도 구명조끼 벗지 못한 아이들
아이들이 남김없이 돌아올 때까지는

— 「노란 리본」에서

세월호 304명의 죽음들은 오늘, 이승을 버리기에 너무 억울하여 또 한 사람의 노래꾼을 탄생시킨 것이 아닐까. 그가 시집 『노란 리본』을 펴내는 정의행이다. 그는 이 시집을 통해서 1부에 19편의 '세월호'를 노래한다. 2부에선 그 역시 참여한 1980년 '5·18항쟁'을 보여준다. 3부에서는 제주 강정 평화행진이 담겨져 있고 4부에선 일찍이 절에 들어가 몸으로 받은 불성이 빛 발하는 서정시편이 주축을 이룬다.

"밤이 깊어 고단한 마음/길을 걸어 고단한 몸/길 위에 눕혀 보네/평화의 길에//땀에 젖은 옷 빨아 널고/길 위에 천막을 치고/단잠을 청해 보네/평화의 잠을//잠이 오지 않을지라도/어여쁜 님 생각하며/단꿈을 꾸어 보리/평화의 꿈을"(「길 위에 누워」) 그림 그리는 제주 강정리에서의 노래도 소품이지만 큰 호소력을 지닌 시편이다.

 2015년 4월 16일, 세월호 1주기를 즈음하여 펴내는 정의행의 처녀시집 『노란 리본』에서 좋은 시, 가작은 아무래도 제1부에 담겨진 팽목항의 방파제를 때리며 톺아 오르는 파도 소리에 펄럭이는 세월호의 시편들일 것이다. 파도 소리가 강하든 혹은 부드럽든 심금을 울리며 우리를 어디론가 데리고 가며 손바닥 가운데를 눌러 준다.

 "애들아 엄마 손 놓으면 안 돼!"
 할머니가 글로도 모자라 소리칩니다.
 할아버지가 그만하라고 해도
 엄마의 마음 어쩔 수 없는지
 바다를 향해 애타게 소리칩니다.

 '애들아 어서 올라와! 끝까지 기다릴게.'
 속울음 삼키며 글을 적습니다.
 무심한 파도가 밀려오는 팽목항에서

아직도 바닷속 울고 있을 넋들에게
노란 편지를 바람에 띄웁니다.

– 「엄마 손」에서

 정의행은 이제 세월호가 탄생시킨 노래꾼으로 우리 곁으로 가만가만 다가와서 리본을 달아 준다. 아픔도 잊지 않게 어루만지려 함이런지 정직한 시로 우리들의 정서에 모종의 아름다운 에너지를 제공한다. 그가 지금껏 살아오면서 그러했듯이 늘 걸으면서 실천하는 사람의 목소리로 끊어지지 않는 노래를 부른다. 「엄마 손」, 「풍등」, 「기도」, 「가만있지 않으마」, 「부끄러움」, 「세월호 아리랑」 등의 시편은 그래서 더욱 곱다. 그의 천성처럼 너무 슬퍼서 고운지 모르겠다. 그의 다음 시집을 기다려도 좋겠다.
 '세월호' 1주기를 맞아 가신 임들의 명복을 빌며 하루 빨리 진상규명이 이뤄지고 그들의 해원이 이루어지는 터전 위에서 좋은 나라, 좋은 세상이 당도하길 빈다.

2015년 4월 16일

차례

4 **추천의 글** 정의행 시집 『노란 리본』의 의미_ 김준태

제1부

15 거기 있었나
16 엄마 손
18 풍등
19 기도
20 가만 있지 않으마
21 넋이여
22 사람이냐 돈이냐
24 정치인
25 한밤중에
26 꽃이여 생명이여
28 도와주세요?
29 부끄러움
30 세월호 아리랑
32 꿈
33 노란 리본
34 얼굴
36 명언
38 갑오년 2014
40 잊지 않겠습니다

제2부

43 　무등
44 　어머니
46 　모란이 다시 피어도
48 　조동기 동지에게
50 　양동시장
52 　골목길
54 　이제 다시 시작이다
55 　무등산
56 　은행나무
57 　천사의 나팔
58 　아픔
60 　베토벤
61 　어린 회화나무에게
62 　병원에 간 후배에게
63 　패랭이

제3부

67 　길 위에 누워
68 　평화의 나무
70 　촛불의 바다
72 　부활을 기다리며
75 　촛불 드는 날
76 　밀양
78 　원추리
79 　뜨거운 길
80 　잠 못 이루는 밤
83 　여름 휴가
84 　맨드라미
86 　수행자
87 　한가위
88 　비
89 　바람과 촛불

제4부

93   물 넘어간다 무네밋재
94   소나무
96   불 속에 피는 연꽃
98   잠 못 이루는 밤
100 풍경風磬
101 우수
102 옛 스님 말씀
104 엄니 아부지
106 백양사
107 늙은 호박
108 일상
110 산길
111 꽃무릇
112 작은 노래
115 매화락지
116 돌부처

118 **시인의 말**

제1부

팽목항 방파제

거기 있었나

왜 이렇게 눈물이 나는 걸까
세월호 유족을 만날 때나
실종자 가족을 만날 때나
시민상주들을 만날 때나

왜 이렇게 눈물이 나는 걸까
너 거기 있었나 4월 16일
너 거기 있었나 5월 18일
너 거기 있었나, 나 거기 있었나

왜 이렇게 눈물이 흐르는 걸까
수많은 아이들이 죽어 가고 있을 때
수많은 생명들이 죽어 가고 있을 때
너 거기 있었나, 나 거기 있었나

엄마 손

"애들아 엄마 손 놓으면 안 돼!"
할머니가 노란 리본에 글을 남깁니다.
할아버지가 그냥 가자고 해도
엄마의 마음으로 기어이 남아
노란 리본에 눈물 어린 글을 남깁니다.

"애들아 엄마 손 놓으면 안 돼!"
할머니가 글로도 모자라 소리칩니다.
할아버지가 그만하라고 해도
엄마의 마음 어쩔 수 없는지
바다를 향해 애타게 소리칩니다.

'애들아 어서 올라와! 끝까지 기다릴게.'
속울음 삼키며 글을 적습니다.
무심한 파도가 밀려오는 팽목항에서
아직도 바닷속 울고 있을 넋들에게
노란 편지를 바람에 띄웁니다.

'애들아 어서 돌아와! 엄마가 기다려.'
이 가슴에 노란 꽃을 달아 줍니다
까맣게 탄 얼굴의 야윈 엄마가
손수 만든 노란 꽃을 달아 주는 손
아이들을 기다리는 엄마 손입니다.

풍등

밤하늘 밝히며 바람 따라 가거라
남으로 날아가 팽목항에 가거라
기다리다 지친 부모를 만나거든
함께하는 마음들 전해 주어라

사나운 바람에도 꺼지지 말고 가거라
맹골수도 검은 바다 그렇게 가거라
기다리다 지친 아이들을 만나거든
한 줄기 빛 드리워 안아서 돌아오라

배에 갇힌 아이들 함께 떠난 선생님도
마지막까지 남은 승무원과 승객들도
손길 잡아 뭍으로 가족 품으로
사나운 바다 건너 어서 돌아오라

기도

별이 된 생명들,
아직 물속에 있는 생명들,
우리와 함께하소서.

거짓과 어둠을 밝히는 빛으로
위선과 불통을 깨치는 빛으로
겨레와 함께하소서.

다시는 무고한 목숨들이
비명에 가는 일 없도록
다시는 착하디 착한 이들이
목숨 뺏기는 일 없도록
빛이여 함께하소서.

살아 있는 이들이 두려움 떨치고
부정과 불의를 끝장낼 수 있도록
희망과 용기 주소서.

가만 있지 않으마

"이제는 가만 있지 않겠습니다."
학생들도 교사들도
슬픔을 넘어선 다짐들

아이들의 죽음을
아직 받아들일 수 없기에
모두 다 돌아오길 끝까지 기다리기에

분향소 제단 위에
아이들이 좋아하는 과자 놓고
오랫동안 기도하는 학생들

미안하고 또 미안하다
소중한 아이들아
이제라도 가만 있지 않으마

넋이여

새가 되어 날아간 슬픈 넋이여
아무리 불러 봐도 대답 없는 넋이여
아무리 기도해도 오지 않는 넋이여

이제는 기다리고만 있지 않을래
이제는 가만히 있지 않을래
저 바다 우두커니 보고만 있지 않을래

진실을 찾아, 그대를 찾아
천릿길 부르트며 걸어서라도 찾아가
맑고 편안한 세상 기어이 앞당기마

이제는 그대 노여움도 쉬게나
이제는 원한도 미련도 쉬게나
산 자들에게 짐을 넘기고 훨훨 날아가게나

사람이냐 돈이냐

세월호 이전과 세월호 이후
달라져야 한다고 모두들 말하네.
사람보다 돈이 아니라 돈보다 사람이라고
생명보다 이윤이 아니라 이윤보다 생명이라고

관피아 해피아 온갖 마피아
이제는 척결해야 한다고 다들 말하네.
최종책임자도 말하고 야당도 말하고
언론도 말하고 지식인도 말하네.

하지만 세월호 이후 뭐가 달라졌나
여전히 사람보다 돈을 받드는 세상
밀양에서는 할머니와 수녀들을 공격하고
강정에서는 주민들과 신부들을 고착하고

6월항쟁을 잊지 않겠다는 시민들
집회를 불허하는 공권력
세월호를 잊지 않겠다는 시민들

여전히 가만 있으라는 공권력

국민이 진정 이 나라의 주인이라면
이제는 나서서 물어야 하네.
사람이냐 돈이냐 생명이냐 이윤이냐
이제는 확실히 선택해야 하네.

정치인

팽목항에 보이지 않았다.
실종자 가족 곁에 보이지 않았다.
당연히 있을 줄 알았는데
보이지 않았다.
청와대 앞에도 보이지 않았다.
세월호 유족 곁에 보이지 않았다.
유족들이 거리에서 밤을 새워도
보이지 않았다.

광화문 앞에도 보이지 않았다.
'가만히 있으라' 침묵행진하던 이들이
개 끌려가듯 끌려가던 자리에도
보이지 않았다.

밀양에도 보이지 않았다.
강정에도 보이지 않았다.
당연히 있어야 할 그들이
보이지 않았다.

한밤중에

아이들이 한밤중에 촛불을 켜고
이선희의 '인연'을 노래한다.
무참히 빼앗긴 또래들 그리워
이 생에 못다 한 인연을 노래한다.

노란 종이배를 밤바다에 띄우고
서럽게 노래한다.
다시 만나는 날 손을 놓지 말라고
손을 뻗으며 춤추고 노래한다.

애써 울음 참으며 부르는 노래
별이 된 아이들은 듣고 있을까
다시는 헤어짐 없는 그곳에서
다시 만날 그날을 기다리며

수많은 촛불이 어둠 밝히고
노란 종이배가 밤바다 건너간다
다시는 나고 죽지 않는 세상
탐욕과 거짓이 없는 세상으로

꽃이여 생명이여

푸른길 기차에 와서
너희들을 생각한다
아직도 돌아오지 않는
꽃다운 아이들아

누가 너희들을 죽였느냐
무책임한 자들 뻔뻔한 자들
지금도 쇼만 하는 자들
후안무치한 자들

민초를 속인 자들을
용서해선 안 된다
애타게 손길 기다린 아이들을
버린 자들을 결코 용서할 수 없다

돈밖에 모르는 세상
있는 자들의 히틀러 세상
더 이상 지켜볼 수 없다

가만 있을 수 없다

아이들에게 진정 미안하다면
침묵을 넘어 소리쳐라
수장된 아이들에게 빚 갚으려면
슬픔을 넘어 행동하라

도와주세요?

"도와주세요"
침몰하는 배에 탄 아이들이 바닷속에서
"도와주세요" 하고 울부짖을 땐 외면하던 자들이
이제 와서 시민들에게 "도와주세요" 란다.

"가만히 있으라"
아이들에게 "가만히 있으라"던 선내 방송처럼
시민에게 "가만히 있으라"고 협박하던 자들이
이제 와서 시민들에게 절을 올리며 표를 달란다.

"지켜 주세요"
살릴 수 있는 승객들마저 내팽개치고
지켜 주지 못한 한심한 자들이
이제 와서 위기의 대한민국 지켜 주란다.

도와주세요? 너희나 스스로 도와라
가만히 있으라? 너희나 가만히 있어라
지켜 주세요? 너희나 양심을 지켜라
이 나라의 주인은 국민이란다.

부끄러움

− 세월호 희생자 합동분향소를 다녀와서

아이들에게 죄스럽구나
애타게 도움의 손길 기다렸을
아이들에게 아무 도움도 되지 못해
한없이 죄스럽구나

돈밖에 모르는 이런 세상 방치한
우리도 이렇게 죄스러운데
살릴 수 있었던 아이들 구해 내지 않은
무책임한 자들도 죄스럽게 생각할까

아이들에게 부끄럽구나
죄없는 아이들을 죽음으로 몰아넣은
이 더럽고 못된 세상 보여 줘
한없이 부끄럽구나

저밖에 모르는 이런 세상 방치한
우리도 이렇게 부끄러운데
제 책임은 모르고 아랫사람만 탓하는
무책임한 자들도 부끄러움 느낄까.

세월호 아리랑

아리랑 아리랑 아라리요
세월호 고개를 넘어간다
세월호 진상을 못밝히면
또다른 참사만 자꾸난다

아리랑 아리랑 아라리요
세월호 고개를 넘어간다
올바른 특별법 안만들면
십리도 못가서 발병난다

아리랑 아리랑 아라리요
세월호 고개를 넘어간다
책임자 처벌을 못한다면
당장에 거기서 내려와라

아리랑 아리랑 아라리요
세월호 고개를 넘어간다
철저히 밝히고 처벌하여

안전한 세상을 열어보세

아리랑 아리랑 아라리요
세월호 고개를 넘어간다
돈보다 생명을 존중하고
더불어 사는 세상 만들어보세

꿈

세월호 진실을 찾아 걷는 천 일 순례 첫 날에
5·18민주광장에서 신안교 교차로까지 걷는데
입에서 저절로 슬픈 노래가 흘러나오더라
"서럽다 뉘 말하는가 흐르는 강물을
꿈이라 뉘 말하는가 되살아오는 세월을"

금남로와 독립로, 제봉로와 동명로에
지산사거리 지나 법원 앞 진실마중길에
필문대로와 서방사거리, 서암대로에
가을이 깊어 노랗게 물든 은행잎이
아름답지만 슬프더라 그 아이들이 없기에

걷기를 마치고 돌아와 잠 못 이루다
잠깐 잠이 들어 새벽녘 꿈에
아이들에게 주려고 음식을 차렸는데
음식은 먹지 않고 이렇게 묻는 것만 같더라
"지금은 진실이 밝혀졌나요?"

노란 리본

누구는 책임을 미루고 떠넘기지만
우리는 끝까지 아이들을 기다린다.
누구는 사죄의 말 한마디 없지만
우리는 아이들에게 한없이 죄스럽다.

누구는 칠면조처럼 옷을 갈아입지만
우리는 한결같이 노란 리본 달고 있다.
누구는 더 이상 아이들을 찾지 않지만
우리는 밤잠 설치며 아이들을 찾는다.

캄캄한 선실에서 문 두드리는 아이들
차가운 바닷속에서 손 흔드는 아이들
아직도 구명조끼 벗지 못한 아이들
아이들이 남김없이 돌아올 때까지는

얼굴

잊을 수 없는 얼굴들
소중한 친구들
착한 아이들

이윤보다 생명이라고
돈보다 사람이라고
우리들을 깨우치는 얼굴들

산 자들을 부끄럽게 하는
어른들을 미안하게 하는
우리들을 행동하게 하는 아이들

친구에게 구명조끼 양보한 아이
동생에게 구명조끼 입혀 준 아이
친구들을 구하러 뛰어든 아이

돌아오지 않은 사람들
진실을 밝히고 책임자 엄벌하는 날

우리 곁에 돌아올 얼굴들

잊을 수 없는 얼굴들
소중한 의인들
꽃보다 아름다운 아이들.

명언

"인간의 고통 앞에 중립은 없다."
프란치스코 교종의 말씀이다
세월호 유가족 만나고 돌아가는 길
노란 리본 차고 하신 말씀이다

종교인이 아니더라도
이 말은 명심해야 한다
중도는 중립이 아니다
중도는 정도이다

고통받는 이들과 함께하지 않는 종교는
종교가 아니다
돈과 명예만 쫓는 자들이
어찌 종교인이라 할 수 있겠는가

붓다는 평생 길바닥에서 걸식하며
천민들과 더불어 살았다
예수도 평생 가난한 이들과 더불어

고통을 나누며 살았다

지금 이 땅의 종교인들은
붓다처럼 예수처럼 살고 있는가
말끝마다 부처님 예수님 주님 들먹이면서
과연 그분들처럼 살고 있는가

부끄럽기 짝이 없구나
절도 교회도 사방 천지에 있는데
오늘 붓다가 예수가 거지 차림으로 오신다면
누가 기꺼이 맞이할건가

갑오년 2014

정말 잔인했던 한 해가
세월호처럼 기울어 가는구나.
그토록 좋은 세상 갈망했건만
수많은 목숨 무참히 앗아간 갑오년.

죄없는 사람들 지금도 길바닥에
고공 위에 송전탑 아래 있으니
마지막 날까지 잠자리가 편치 않구나
지축이 흔들리고 벼락이 치는구나.

120년 전에도 그랬겠지
수많은 주검을 보며 절망했겠지.
하지만 다시 떠오르는 해를 보며
포기하지 않고 다시 일어났겠지.

34년 전에도 그랬지
수많은 주검을 보며 땅을 쳤지.
하지만 밤길 걸어 무등에 오르며

피눈물로 새날을 기약했지.

제아무리 잔인하고 간악한 어둠도
다시 떠오르는 해 앞에 맞설 수 없나니
우리가 새해 새 빛이 되어
새날을 맞이해야 하지 않겠나.

잊지 않겠습니다

팽목항에서 하염없이 기다리는
가족을 잊지 않겠습니다.
진실규명을 바라는
유가족의 소리를 잊지 않겠습니다.

바닷속에서 울부짖다 스러져 간
아이들을 잊지 않겠습니다.
더 이상 가만 있지 않겠다는
청소년들의 소리를 잊지 않겠습니다.

후안무치한 자들의 무책임과 위선을
잊지 않겠습니다.
오늘의 현실을 결코 잊지 않고
똑똑히 기록하겠습니다.

제2부

나비도 보고 있을까

무등

외로울 때면 언덕에 올라
어머니산 무등을 보네
한 그루 나무로 서서
하염없이 당신을 바라보네

답답할 때도 노여울 때도
빛고을 무등을 보네
넉넉한 품에 안기고 싶어
마음은 벌써 당신에게 가네

어제도 그제도 보았지만
오늘도 무등을 보네
텅 빈 마음에 담아 두고자
한없이 당신을 바라보네

어머니
- 오월어머니들께 드리는 시

눈에 넣어도 안 아플
자식들 가슴에 묻고
울며불며 싸워 오신 어머니
이제는 울지 말고 웃으세요
한맺힌 가슴 이제 풀어놓으시고
아리랑 부르며 나아갑시다.

다시는 이 아픔 없도록
더 이상 폭력이 없도록
평화를 위해 나아갑시다.
가장 낮은 이들을 위해
가장 약한 이들을 위해
갈라진 아픔 겪은 겨레를 위해

총을 내리고 남북이 하나 되어
얼싸안는 그날을 위해
어머니 피눈물 거두시고
이제는 행복하세요

우리 곁에 늘 함께해 주세요
이제는 건강하세요 장수하세요.

먼저 가신 식구들
겨레와 함께 영원하리니
이제는 눈물 거두시고 평안하세요
민주의 제단에 식구들을 바치고도 모자라
십자가 짊어지고 살아오신 어머니
이제는 웃으며 살아가세요.

바람이 아무리 거세게 불어도 꽃은 피어나듯
이 땅에 평화는 반드시 오리니
억눌린 자 가슴 펴는 평등한 세상
행복의 나라 반드시 오리니
분열을 넘어 싸움을 넘어
하나 되는 세상 반드시 오리니

모란이 다시 피어도

- 김종률 곡, 정의행·김종률 사

모란이 다시 피어도
그대는 오시지 않네
모란처럼 붉게 타 버린
그대의 이름 불러도

얼굴은 희미해져도
사랑은 가슴에 남아
모란 향기 짙은 오월에
뜨겁게 되살아나네

타는 가슴속에서
노란 손수건 꺼내 달아 놓아도
먼 길 떠나 버리신 사랑하는 그대여
왜 아니 오시나요

왜 아니 오시나요
왜 아니 오시나요
아, 그대여

오월이 다 가도록
가슴속 맺힌 이 말은,
사랑해
모란이 다시 피어도
모란이 다시 피어도

* 「님을 위한 행진곡」 작곡가 김종률이 작곡한 이 노래의 가사는 나의 원작시를 김종률과 함께 가사로 만든 것인데, 오월어머니집 이전개소식 때 김종률이 직접 노래로 발표하고 오월어머니들과 함께 불렀다.

조동기* 동지에게

오월이면 내리는 비
오월이 아니라도 어김없이 내리네
투사의 눈물인가, 하늘의 눈물인가
살아남은 동지들의 눈물인가

오월 어느 날
망월동 가는 길 내리던 비
오늘 그대 가는 길 다시 내리네
회한의 눈물인가, 통곡의 눈물인가

가난도 고통도 참을 수 있었지만
거짓과 불의는 참을 수 없었다
진실이 밝혀지지 않으면
세상이 바뀌지 않으면 살고 싶지 않았다

아들도 낳고 딸도 낳았지만
호의호식 시켜 주지 못한 채
끝내 참지 못한 채 투사는 간다

먼저 간 동지들의 길을 따라 미련없이 간다

눈물을 쏟으면서 비를 쏟으면서
망월동 가는 길, 멀고도 먼 길
깊은 상처 아픔을 안고 투사는 간다
이승에 남은 이들에게 아무 말 없이 간다

* 조동기 : 5·18민중항쟁 당시 시민군으로 2011년 10월 22일, 향년 51세의 나이로 스스로 목숨을 끊었다.

양동시장

지금도 양동시장 복개상가엔
그때 그 아짐들 여전히 장사를 하고
남녀노소 오가며 부산하건만
그대는 어디 가서 안 오시나요
트럭이 가끔 지나갈 때면
고개를 돌려 쳐다보곤 합니다.

무던히도 뜨겁던 오월 어느 날
트럭 난간을 각목으로 두드리며
투사의 노래 목타게 부르던 그대
주먹밥 한 덩이 물 한 바가지 받고서
환하게 웃음 짓던 그리운 얼굴
총탄의 빗발 속에 사라졌나요.

모두들 돌아간 장터에 와서
보고 싶은 그대를 생각합니다.
밤은 다시 그때처럼 깊어만 가고
싸늘한 바람마저 불어오는데

인적 없는 5·18 표지석 앞에서
보이지 않는 그대를 그리워합니다.

골목길

추억의 동운동 골목길
청춘 시절 첫 직장생활 할 때
점심시간이면 이 골목에 와
풀빵으로 때우곤 했지.

한창때라 배고팠지만
부지런히 벌어서
가난을 면하고 싶어
힘든 일도 마다하지 않았지.

고단한 나날에도
청춘의 꿈 키우며
참한 사랑 그리워하며
좋은 세상 오길 기다렸지.

숨 막히던 겨울공화국
희대의 독재자 가고 나서
이 땅에 봄이 올 줄 알았는데

오월은 청춘의 꿈 앗아가 버렸지.

오늘 다시 이 골목에 와
포장마차를 보니
청춘의 시절이 떠올라
발걸음이 저절로 멈춰지네.

꽃다운 청춘 어디로 가고
또다시 겨울공화국
쓸쓸한 그림자 벗 삼아
그날처럼 새봄을 기다리네.

이제 다시 시작이다

독재자를 추종하다 독재자가 된 자의 군홧발에
처참하게 짓밟히고 총칼에 죽고 피흘렸지만
굽힘 없이 일어나 어깨동무하고 싸우며
민주화를 위해 피를 나누고 주먹밥을 나눈
오월 광주는 대동세상이었다.

권력에 눈이 먼 사이비 장군이 보낸
얼룩무늬 계엄군의 학살로
부처님오신날조차 피로 얼룩졌지만
너나없이 아픔을 함께하고 생사를 함께했던
오월 광주는 화엄세상이었다.

이제 한 세대가 바뀐다는 서른 해가 지나고
다시 첫 해를 맞이한 오월 광주
뜨거운 피와 따스한 주먹밥을 나누며
민주주의와 평화통일의 희망을 나누며
이제 다시 시작이다.

무등산

어머니 품같은 무던한 산
하지만 때로는 분노의 산
그옛날 어둠에 불뿜던 산

삼월도 사월도 오월달도
말없이 지켜본 무정한 산
하지만 여전히 다정한 산

먼저 가신 이에겐 무덤의 산
살아 남은 이에겐 희망의 산
겁이 많은 이에겐 용기의 산

부정과 불의에 맞서는 산
정의와 평화를 외치는 산
분열과 차별을 꾸짖는 산

더없이 드높은 무등의 산
하지만 더불어 평등한 산
사람과 세상이 하나된 산

은행나무

최선을 다하고
지기 전에 눈부시게 물든
아름다운 그대
우리 삶이 그대 같기만 하다면

천사의 나팔

낮이나 밤이나 한결같이
어깨동무 하고서
낮은 곳을 향하여
끝없이 노래 부르는
천사의 나팔이여

너는 어둠 속에서
작은 벗들 더불어
서러운 울음 삼키며
나직한 노래 부르는
오월의 넋 같구나

어이하여 내 귀엔
네 노래가 쟁쟁히 들리는지
어이하여 내 눈엔
네 모습이 환하게 보이는지
오늘 밤도 잠들지 못하겠네

아픔

- 1980년 5·18민중항쟁 때 다치고 병치레하다 간밤에 응급실에 실려 간 후배의 힘없는 목소리를 듣고 잠 못 이루며

부디 아프지 말게
아직 병상에 누울 때가 아니네
아직 쓰러질 때가 아니야

우리를 짓밟은 저들은
여전히 떵떵거리고 사는데
여전히 제왕처럼 군림하는데

저들 먼저 쓰러질 수는 없네
저들 먼저 누울 순 없어
질기게 이겨 내야 해

아무리 아프고 힘들어도
비바람 이겨 내는 잡초처럼
오뚜기처럼 일어나야 해

학살자와 하수인들이 다 쓰러지고

방관자들이 참회하는 날
미련 없이 가도 늦지 않으리

힘없고 가난한 이들이 어깨 펴고
억눌린 이들이 웃음 찾는 날
이 세상 웃으며 떠나도 좋으리

그러니 부디 아프지 말게
아프더라도 쓰러지지 말게
열사들과 동지들이 아파하지 않게.

베토벤

오랜만에 옛 도청 앞 베토벤에 와서
러시아민요 스텐카라진을 듣네.
그날의 투사들은 가고
무등산은 거대한 빌딩에 가려 있네.

옛 도청은 가운데가 헐린 채 공사 중이고
분수대는 더이상 물을 뿜지 않네.
님들이 그리운 날 그대와 함께
석양을 기다리며 빈 광장을 바라보네.

어린 회화나무에게
– 옛 전남도청 앞 회화나무작은숲공원에서

어느 가을 메마른 땅에 떨어져
어렵사리 싹터 고이 자란 아이야
항쟁의 그날을 지켰던 네 엄마
못다 이룬 꿈과 생명을 이어
늘 푸른 오월의 숲으로 무럭무럭 자라렴.

아직도 안전하지 못한 이 세상
아직도 평화롭지 못한 이 세상
아직도 갈라진 이 세상
아이들에게 생명의 희망을 일깨워 주고
역사의 숨결을 똑똑히 전해 주렴.

병원에 간 후배에게

아직 쓰러져 망월동 갈 때가 아니다.
민주가 실종되고 모다들 침묵할 때
망월동 가 봐야 오월영령들이 반기지 않을 터
오욕의 역사 바로잡고 떠나야지.

내일은 또 병원에 갈지라도
오늘은 즐겁게 살아가자
병마를 이겨 내고 독재를 이겨 내고
살아서 싸우자 잡초처럼 바위처럼.

패랭이

한여름 장불재에 오르니
분홍빛 꽃들이 반기네
소박하지만 아름다운 술패랭이

서석대를 병풍처럼 두르고
하늘을 바라보는 꽃들이
그 옛날 패랭이 쓴 백성들 같네

아주 작은 꽃이지만 대를 닮아
거친 들 바위틈에서도 꿋꿋이 자라
석죽이라 불렀을까

사람들을 괴롭히는 바위귀신에게
힘차게 쏘아 박힌 화살에서
피어난 꽃이라던가

돌무더기 지천인 무등에서도
내리꽂는 폭염에도
아름답게 피어나 말을 건네네

제3부

팽목항으로 행진

길 위에 누워
- 강정평화대행진에 참여해

밤이 깊어 고단한 마음
길을 걸어 고단한 몸
길 위에 눕혀 보네
평화의 길에

땀에 젖은 옷 빨아 널고
길 위에 천막을 치고
단잠을 청해 보네
평화의 잠을

잠이 오지 않을지라도
어여쁜 님 생각하며
단꿈을 꾸어 보리
평화의 꿈을

평화의 나무

- 강정평화 인간띠에 참가하신 마을 어르신의 이야기를 듣고

강정에 고목 두 그루
하나는 느티나무 하나는 팽나무
느티나무는 교회 마당에
팽나무는 어느 집 앞에
백오십 년 하루같이 푸르게 서 있지.

언젠가 도에서 길을 넓히며
팽나무 싹둑 베어 버리려 하자
그 집 주인 단호히 안 된다 했지
마을 사람도 모두들 안 된다 하니
실랑이 끝에 팽나무는 죽음 면했지.

길이야 조금 돌려서 내면 되지만
고목은 한 번 베면 돌이킬 수 없어
백살 넘은 생명이 사라지게 돼
구럼비를 깨뜨리면 안 되듯이
고목도 함부로 베어 버리면 안 되지.

마을 사람 대다수가 반대하는데
권력과 재벌이 구럼비를 파괴하고
해군기지 공사를 밀어붙이니
사람들은 강정을 평화의 마을로
팽나무를 평화의 나무라 불렀지.

예전에 팽나무를 보호해 살렸듯이
강정을 지켜내 살리리란 다짐으로
생명평화의 마을 평화의 나무
모두가 한 입으로 이름 부르니
강정은 반드시 아픔 딛고 살아나리.

촛불의 바다

폭염도 아랑곳없이
주말엔 광장에서
폭염은 이열치열로
휴가는 촛불의 파도타기로
광장은 마침내 촛불의 바다

누가 봐도 분명한 부정을
검찰마저 인정한 불법을
모르쇠로 일관하는 권력에 맞서
민주의 촛불을 든 시민의 물결
광장은 마침내 촛불의 바다

원판 불변의 법칙에
김새 버린 국정조사
한심한 자들의 휴가에 분노한
서민들과 노동자, 부모와 아이들
하나되어 만들어 낸 촛불의 바다

3·15를 넘어 4월혁명
5·17을 넘어 5월항쟁
4·13을 넘어 6월항쟁으로
이어 온 민중의 바다
12·19 넘어 촛불의 바다

눈치 보기 망설임도 그만두고
이젠 모두 국민 앞에 겸허하게
주도권도 기득권도 내려놓고
분열을 넘어 하나 되는 촛불로
민주주의 찾아야 할 촛불의 바다

부활을 기다리며
- 고 이남종 열사가 분신항거한 자리를 보며

이 자리에서 얼마나 분노했을까?
짓밟힌 민주주의와 왜곡된 진실에
이 자리에서 얼마나 통곡했을까?
사람들의 무관심과 비겁한 침묵에

수많은 고민 속에 결단했을 최후의 항거
수많은 열사들의 얼굴을 그려 보았으리라.
학살자에 항거하다 산화하신 오월의 영령들
군부독재에 항거하다 산화하신 분신 열사들

참교육 1세대의 깨어 있는 영혼으로
치열했던 분신정국 새내기의 투혼으로
더 이상 참을 수 없었으리라
열사들의 뒤를 따르리라 결심했으리라.

생각이 깊었던 사람, 착하고 순수했던 청년
어려움 속에서도 가족을 보살폈던 따뜻한 사람
사람들이 부산히 오가는 서울역을 바라보며

광주의 어머니께 작별의 절도 올렸으리라.

"두려움은 제가 가져가겠습니다.
일어나십시오."
이 땅의 국민들에게 간절한 호소를 하며
마침내 현수막을 드리우고 불을 당겼으리라.

단호하고 분명한
한 마디 외침 남기고
흐리멍덩 비겁한 정치인들 부끄럽게
국민을 대신해 자기 몸을 불살랐네.

그의 현수막은 민주화의 깃발이 되어
뜨거운 금남로에 다시 오르고
그의 주검은 억눌린 이들의 예수가 되어
차디찬 망월동에 깊이 묻혔네.

하지만 이내 부활하리라

광장에서 거리에서 싸움과 삶의 현장에서
더 이상 노예로 살기를 거부하고
일어나는 사람들과 더불어 부활하리라.

촛불 드는 날

불금이든 불토든
나에게는 촛불 드는 날
뜨거운 사랑으로 밤을 밝히는
그대를 만나러 가는 날

열대야든 빗속이든
우리에겐 촛불 드는 날
몸이 아파도 어김없이 나가는
민주주의 사랑하는 날

촛불 드는 날에는
왜 이렇게 아이들이 예쁠까
엄마 아빠 따라와 촛불 밝히는
아이들이 우리 희망이구나

촛불 드는 날에는
왜 이렇게 그대가 사랑스러울까
촛불에 물드는 그대 얼굴이
동트는 새벽 같구나

밀양

누가 80대 밀양 어머니 가슴에
765kV 송전탑의 못을 박았는가?
평생 농사밖에 모르고 살아오신 어르신의 눈에
누가 피눈물을 자아내고 있는가?
이 땅을 지켜 오신 우리들의 어머니에게
누가 유언장을 쓰시게 했는가?

누가 이 땅의 어머니와 생명들을
죽음으로 몰아넣고 있는가?
평생을 정직하게 살아오신 어르신들을
누가 구덩이로 몰아넣고 포위하고 있는가?
이웃나라의 그 무서운 핵참사를 보고도
누가 이 땅에 핵발전소를 자꾸 세우는가?

더 이상 패륜을 저지르지 마라
어머니 가슴에 쇠못을 박지 마라
더 이상 생명을 죽이지 마라
어머니 생명의 땅을 짓밟지 마라

더 이상 평화를 해치지 마라
아랑의 가슴에 한을 품게 하지 마라

원추리

한길로 변해 버린 발산고개
넘어가는 길섶에 해맑게도 피었네.
무등산에도 지리산에도
지천으로 피었으리.

질기게 내리는 빗속에도
더 질기게 피었네.
금남로에도 대한문에도
강정에도 밀양에도
꽃피어라 원추리.

뜨거운 길

일곱 살 난 아이부터 칠십 대 어르신까지
평화운동가, 환경운동가, 녹색당원뿐 아니라
평범한 시민과 노동자, 농부까지
폭염을 뚫고 힘차게 걸었다.

강정의 평화, 세상의 평화를 위하여
바닷바람에 깃발을 날리며
신나게 노래하고 춤추며
끝까지 포기함 없이 즐겁게 걸었다.

하지만 35도를 오르내리는 아스팔트와
뜨거운 오름을 넘어온 그들은 어찌 됐을까?
체육관 숙소 바닥에 지쳐 떨어졌을까?
천만에, 또 밤을 밝히며 평화를 노래하고 있다.

내일 아침 또다시 뜨거운 길 떠나야 하는데도
지칠 줄 모르고 춤추며 노래한다.
모두의 고향 강정의 평화를 노래하고
우리 친구 돌고래의 평화를 노래한다.

잠 못 이루는 밤

제주도에 와서
바닷가 현무암에 앉아
사랑하는 그대를 생각하네
그대 지금 행복한가
우리 시방 평화로운가

사기와 탐욕의 화신들 때문에
사대강이 몸살을 앓고
구럼비가 깨어지고 있는데
그대 지금 행복한가
우리 시방 평화로운가

백성은 아랑곳하지 않고
민의를 묵살하는 권력이
이 땅을 난도질하고 있는데
그대 지금 행복한가
우리 시방 평화로운가

잠 못 이루는 밤
뭍에서나 섬에서나 잠이 안 와
그대를 생각하는 밤
만생명이 행복하지 않아
괴롭고 아픈 밤

하지만 이 아픔 즈려밟고
새벽길 떠나야 하기에
이 자리에서 절망할 수 없네
여기서 주저앉을 수 없네
구럼비의 부름 따라 가려네

평화의 섬에 와서
신음하는 그대를 생각하네
외세의 등쌀에 신음하는 그대
권세의 갈퀴에 찢어지는 그대
사랑하는 님이여 기다려다오

이 밤이 길고 이 길 험할지라도
새벽은 오고야 말고 동은 트게 마련
벗들과 함께라면 두려울 게 없으니
그대에게 가고야 말 평화의 길
땀과 눈물로 그대 보듬을 사랑의 길

여름 휴가

올여름 휴가는 길에서 보낼 판이다.
길에서 태어나 길을 걷다 가신
붓다의 길을 생각하며
뜨거운 길을 떠난다.
남해 바다 건너 강정평화대행진

주민의 뜻을 무시하고
반대 여론을 묵살하고
수만 년 뭇 생명의 의지처인 구럼비를 파괴하고
'민군복합 미항'이라는 위선의 군사기지를 짓는
그곳에서 다시 평화의 기도를 올리고자

아픈 몸을 끌고 치유하러 간다.
수억 민불의 염원이 어린 억불산을 지나
탐라 백성의 슬픔이 어린 남해바다 건너
한바탕 춤추며 놀자고 간다.
일과 놀이, 기도와 수행이 하나인 그 길로 간다.

맨드라미

너를 보니 외할머니가 떠오른다
장독대 둘레에 네가 필 때면
행여나 꽃으로 장난 말아라 하셨지

맨드라미 만지다 눈을 비비면
꽃씨가 들어가 봉사가 되니
만지지 말고 보기만 해라 하셨지

간신들에게 맞서 나라 지키다 죽은
장수의 무덤에서 피어난 꽃이라고
장독대에 앉아 옛이야기 들려주셨지

너를 보니 불꽃이 떠오른다
사람들은 닭벼슬 같다지만
나에게는 타오르는 불꽃

촛불 같은 작은 꽃들이 타올라
마침내 파도처럼 일렁이는

커다란 불길 이루는 불꽃

시들지 않는 사랑이 꽃말이라지
폭염에도 시들지 않고 타오르는 너
내 마음속에서도 꺼지지 않는 불꽃

수행자

맨발로 길을 걷고 탁발하며
자신과 세상을 살피고
하심하는 수행을 하고
세상 사람들의 복밭이 되는
진정한 수행자들

이 땅에도 수행자들 계시리
끊임없이 길을 걸으며
낮은 데서 중생과 더불어 살며
중생의 고통을 함께하는
진정한 수행자들

길 위에서 밥을 나누는 이들
강정에서 밀양에서 팽목에서
때로는 일하는 이들의 현장에서
아픔을 나누는 이들
이 시대의 진정한 수행자들

한가위

즐거운 한가위 보내라고
고마운 덕담 문자 날아오건만
답하지 못할 만큼 아픈 마음

꿈에서라도 보고 싶어라
보름달처럼 환한 얼굴로
진실과 함께 돌아오는 걸

한 번 가면 돌아오지 않는다지만
슬픈 이들 가슴마다 꽃으로 피어나
불의를 몰아내는 숨결로 돌아오기를

비

촉촉이 비가 내린다
이 메마른 땅에
하염없이 비가 내린다
이 덧없는 세상에

쩍쩍 벌어지는 농토에도
푸대접에 속 타는 농심에도
거리에 내몰린 노동자에게도
성난 시민에게도 단비는 내릴까

추억의 노래 떠오르는
비 오는 날 밤 보고 싶구나
떠나 버린 친구들, 먼저 간 벗들이
함께 그리던 새로운 세상이

바람과 촛불

이 뜨거운 바람 보시나요
돌아오지 않은 소중한 생명들
끝까지 기다리는 바람
끝내 덮을 수 없는 진실을
기어이 밝히리라는 바람

이 뜨거운 사랑 아시나요
죽음을 넘어 거짓을 넘어
어둠을 밝히는 노란 리본
세월의 덧없음을 넘어
세상을 덮어 버린 노란 리본

이 뜨거운 촛불 들어 보셨나요
미친 비바람이 휘몰아쳐도
흔들림 없이 타오르는 촛불
내게서 그대에게 마을에서 마을로
하염없이 번져 가는 들불

제4부

노란 리본 꽃

물 넘어간다 무네밋재*

– 절골 스님 마음을 실어

메마른 땅 적셔 줄 시원한 물길
누가 가시덤불 헤치고 열어 줄까
성황님일까 부처님일까
하느님일까 나랏님일까
아서라 말어라 내 손으로 열자

물 넘어간다 물 넘어간다
메마른 땅 적시는 물 넘어간다
고개가 제 아무리 험할지라도
뭇 생명 사랑하는 마음 하나로
길을 열어 물 넘어간다.

* 무네밋재 : 광주 광산구 장수동 수남마을에서 운수동 절골로 넘어가는 고개. 옛날 스님이 절골에서 수남마을 쪽으로 물길을 만들고 물을 넘겨 농사를 짓게 해주었다 하여 무네밋재라는 이름이 생겼다고 한다.

소나무

보고 싶다

소나무가 보고 싶다

나그네 길벗이 되어 주는 나무

묵묵히 우리 마을 지키는 나무

비바람 눈보라에도 늘 푸른 나무

힘들 때 바라보면 힘을 주는 나무

정말 보고 싶다

소나무가 보고 싶다

오락가락하지 않는 나무

꿋꿋이 이 땅을 지키는 나무

메마른 땅에도 뿌리박는 나무

아플 때 안아 보면 위로해 주는 나무

보고 또 보아도 보고 싶다

소나무가 보고 싶다

꼭 예쁘지 않더라도 아름다운 나무

꼭 우람하지 않더라도 당당한 나무

농부의 손처럼 거치른 나무
속은 한없이 부드러운 나무

불 속에 피는 연꽃

사람들은 좋아하지
연못에 피어오른 맑은 연꽃을
사람들은 사랑하지
가녀린 여인처럼 한들한들 피어난 수련을

하지만 붓다는 다르다네
진창에 피어오른 맑은 연꽃
보살도 다르다네
불 속에 피어나는 연꽃

번뇌를 피하지 않고
번뇌 속에서 깨어 있다네
세속에 묻혀 살며
중생과 함께 도를 닦는다네

괴로움뿐인 고해일지라도
고단한 이들과 부대끼며
고해 건너 저 맑은 땅으로

풍랑을 헤치고 노를 저어 간다네

고통받는 이들을 외면하지 않고
소외된 이들에게 등 돌리지 않고
뭇 생명을 어버이처럼 섬기며
더불어 살다가 미련없이 간다네.

잠 못 이루는 밤

오늘도 잠 못 이루는 밤
어제는 일 때문에, 오늘은 아픈 사람 때문에
내일은 또 무엇 때문에 잠 못 이룰까

그 옛날 붓다는 말씀하셨지
잠 못 이루는 사람에게 밤은 길고
지친 나그네에게 길은 멀다고

산다는 건 잠 못 이루는 나그네길
늘 깨어 있어 청정하다면 자지 않아도 좋겠지만
근심 걱정으로 잠 못 이루니 번뇌의 길

그 옛날 선사는 말씀하셨지
세상살이에 어려움이 없으면 교만한 마음이 일어나니
근심과 어려움을 해탈의 길로 삼으라고

생사의 밤길 멀고 길지만

어쩌랴 근심걱정 떨쳐 버릴 그날까지

장애를 놀이 삼아, 마구니* 벗 삼아 걷고 또 걸어야지

* 마구니 : 훼방꾼이나 악마.

풍경風磬

처마 끝에 매달린 채 잠들지 못하는 게
세상 번뇌 안고서 시름하는 이 같구나
바람이 불어올 적에 소리 내는 것까지

사람들은 너를 보고 소리 좋다 하지만
비바람에 시달리고 눈보라에 얼면서도
눈 뜨고 깨어 있으니 괴롭기만 하여라.

녹슬어 떨어지면 차라리 편할 것을
하염없이 움직여 녹슬 새도 없으니
새봄이 올 때까지는 노래하며 견디리.

우수

비 오던 날
날 두고 가시던 날
어머니가 생각나는 날

우울한 날
혼자 남은 것 같은 날
어머니가 몹시 그리운 날

봄이 와도 봄 같지 않은 날
자식 여읜 어머니 울부짖는 날
메마른 땅 위에 피눈물 뿌리는 날

하지만 언젠가는 만날 날
새 봄이 오는 날
단비 오실 날

옛 스님 말씀

옛 스님들은 이렇게 말씀하셨다.
가난해야 수도를 한다
배고파야 도를 닦는 법이다.

나는 불자로서 이것만은 안다
가난해야 가난한 사람 심정을 안다
배고파 봐야 없는 사람 마음을 안다.

지금 이 땅에 진정 깨달은 이가 있는가
참으로 눈 밝은 선사가 있는가
모르겠다 난 어리석어 모르겠다.

하지만 이것만은 안다.
지금 이 땅에 깨달은 이가 있다면
부정과 불의에 침묵하지 않으리란걸.

오늘 이 땅에 붓다가 계시다면
가난하고 배고픈 이들 곁에서

억압과 차별에 맞서 사자후 외치시리라.

유명하다고 훌륭한 건 아니다
이름 없다고 못난 것은 아니다
아무 가진 것 없는 이가 붓다였나니.

엄니 아부지

한평생 자식들 위해 고생하시고
이제는 요양병원에 종일 누워 계시는
칠십 대 팔십 대 구십 대 어르신들

아프단 말도 제대로 못 하시고
옥살이 아닌 옥살이를 하시며
자식들만 기다리시는 엄니 아부지들

행여나 손주들이라도 찾아오면
손을 부여잡고 놓지 않으시며
어릴 적 이야기 한 자리 들려주신다.

"내 강아지 태어날 때 이고 지고 가서
미역국 끓여 주고 씻겨 주었제
백일에도 돌에도 동네잔치 벌여 주었제"

"나는 살 날이 인자 별로 없으니
느그들은 취직 잘해 잘 살어라 와

엄니 아부지께 잘하고 잘 살어라 와"

그 말씀 차마 들을 수 없어
부끄러운 애비는 병실 밖으로 나오고
또다시 자식들 기다리시는 엄니 아부지

백양사

구름 한 점 없이 푸른 하늘 아래
백학봉 그 아래 반듯한 옛 선원
보고 싶은 선사는 아니 계시고
지붕만 학처럼 날개 펴고 있구나.

단풍이 고운들 눈에 들리야
소나무가 고고한들 발길 잡으랴
허전한 마음 부도전에나 들러
빗돌이라도 어루만지고 갈까나.

늙은 호박

시골집 지붕 위에
늙은 호박이 정겹구나
고향을 지키는 어르신
묵묵히 밭을 일구는 농부 같구나

온 세상이 푸대접해도
이 땅을 지키는 사람들
포악한 권세가 따돌림해도
마을을 지키는 어머니 아버지

도시 사람들아 잊지 마오
당신의 뿌리를
비가 오나 눈이 오나
이 땅을 지켜 온 농부들을

일상

갈 곳도 많고 할 일도 많은데
일이 줄어들지 않는구나
이러다 사람의 도리도
다하지 못하는 거 아닌가

귀한 분들 하나둘 떠나시고
소중한 생명들 고통받고 있는데
나는 오늘도 출근을 서두르고
밀린 일에 치여 살아야 하는가

언제나 고단한 일상에서 벗어나
가고픈 곳 마음대로 가고
하고픈 일 마음대로 하며 살아볼까
건강하게 자유롭게 한번 살아볼까

번뇌 속에 보리*가 있고
번뇌가 곧 보리라고
일상 속에 도가 있고

평상심이 도라고 님은 말하더라만

때로는 흐리멍덩한 머리로
때로는 답답한 가슴으로
일상을 허우적대며 살아가는구나
날마다 되풀이하며 살아가는구나

하지만 또 일어나 가야지
가슴을 문지르며 슬픔을 달래고
새아침 맑은 기운 들이마시며
기운 내서 또 하루를 살아야지

침침한 눈 비비고 세상 똑바로 보고
늘어가는 주름 펴고 웃음 지으며
벗들에게 따뜻한 인사를 건네고
또다시 힘차게 일하러 나가야지

* 보리(bodhi) : 깨달음.

산길

호젓한 산길
꽃잎 져 깔린 길
조심조심 걸어가는 길

어디로 이어질까
옥녀에게 가는 걸까
김덕령에게 가는 걸까

정다운 벗과 이야기 나누며
산벚꽃 그늘 아래 걸으며
실개울 물소리 들으며

사뿐사뿐 걸어가는 길
포근한 금당산 길
우리 마음의 길

꽃무릇

타오르는구나
그대 꽃무릇
사랑하는 님은
만나지 못할지라도
활활 타오르는구나

사랑하는 마음으로
불타는 그대
그 옛날 신라 때
지귀志鬼의 넋이런가
산에 들에 마을 어귀에

한없이 님을 기다리며
덧없이 사위어 갈 때까지
한 몸뚱이 모조리
불태우는가
그대, 내 사랑이여

작은 노래

1. 채송화

미친 비바람 이겨 내고
이쁘게 야물게 피었구나
남들이 거들떠보지 않는
낮은 곳에서

2. 나무그늘

먼길을 걷다 보면
그늘이 반갑다
이왕이면 냇가에
수양버들 그늘이

몸도 마음도 지치면
나무가 반갑다
고단한 이 몸뚱이
받아 주는 나무가

3. 낙엽

비바람에 떨어진 은행잎들이
내게는 황금처럼 눈부시구나
때가 되어 흙으로 돌아간 그대
싱싱한 새봄을 안아 오리니

지금은 비록 눈물지을지라도
내일은 함박웃음 머금으리라
비바람 탓하지 않고 가는 그대
푸르른 생명으로 돌아오리니

4. 수양매

봄이 오고 가는 길모퉁이
그늘에 홀로 서서
하얗게 마음 태우다
봄비와 더불어

미련 없이 떨어지는
그대는 누구의 넋인가

매화락지

매화는 덧없이 지고
벚꽃 만발했지만
매화락지梅花落地에 와서
매화의 추억에 젖네

오래된 옛집에
배롱나무 외로이
못 가운데 서 있고
기름진 문전옥답

부지런히 일궈야지
산수유 그늘 아래
정다운 벗들 더불어
다시 필 매화를 그리며

돌부처*

오랜 세월 비바람 맞으며
마을 사람들과 함께 살아온
상처투성이 돌부처

때로는 돌멩이를 맞기도 하고
때론 자식 없는 여인이 갈아 먹어
코가 없어지기도 하고

때로는 아이들 놀이터 되기도 하고
때론 막무가내 선비 양반들에게
목이 잘리기도 하고

마침내 산사태에 쓸려 묻혔다가
마을 사람들이 다시 일으켜 세우고
목을 붙이니 미소 지은 돌부처

두 겨드랑이에 돌꽃이 피어나
합장한 동자와 씩씩한 신장이

어울려서 이야기꽃을 피우니

앞으로도 천상
마을 사람들과 함께 살아가야 할
무등 아래 마을 돌부처

* 담양 고서면 금현리 영은사 석조여래좌상.

시인의 말

 1980년 5월, 총탄이 빗발치는 소리를 들으며 미친 듯이 시를 쓴 적이 있습니다. 그해 겨울, 「님을 위한 행진곡」을 작곡한 내 친구 김종률은 그러한 시들 가운데 「바람과 꽃씨」를 노래로 만들었지요. 폭압의 바람이 거칠게 몰려올수록 꽃씨는 더 널리 퍼져 자유의 꽃을 피우리라는 내용의 노래입니다.
 그 후로 지금까지 오월 열사들에게 진 빚을 갚는 마음으로 살고자 했지요. 하지만 세상이 또다시 거꾸로 돌아가는 걸 보면 부끄럽기만 합니다.
 2014년 4월, 세월호 참사로 수많은 생명들이 죽음을 당한 뒤에도 1980년처럼 미친 듯이 시를 썼습니다. 돈과 권력에 의해 무참히 꺾여 버린 꽃들에게 한없이 부끄럽지만, 잊지 않고 행동하리라는 다짐으로 굳이 썼지요. 세월호 이전과 다른 세상을 바라기 때문입니다.
 세월호 이야기 그만하라는 이들에게 보라는 듯이 페이스북에 시를 쓰곤 했습니다. 충장로 우다방, 금남로공원, 푸른길공원, 마을촛불 마당, 진도 팽목항에서 시를 낭송하기도 했지요. 세월호 이후 변한 건 아무것도 없었기 때문입니다. 책임지는 자 하나도 없이 여전히 돈을 섬기고 참사는 꼬리를 물고 이어졌기 때문입니다. 지금도 돈으로 진실을 덮으려는지, 진실 규명의 의지는 없고 보상금 타령으로 유가족을 모욕하고 있습니다.
 4·16 참사 1주기를 맞아, 제발 모두 돈보다 생명을 위하

고 이윤보다 진실을 따르면 좋겠습니다. 아직도 가족의 품에 돌아오지 못하고 있는 아홉 사람을 되찾고 진실을 밝히려면 세월호도 반드시 온전하게 인양해야겠지요. 5·18처럼 4·16도 모두가 잊지 않고 정의롭게 행동하면 진실은 반드시 밝혀지리라 믿습니다. 썩어 빠진 세상, 거꾸로 가는 나라도 바로잡을 수 있으리라 믿습니다.

부족한 나의 시를 골라 주시고 추천해 주신 김준태 선생님께 깊은 감사를 드립니다. 나에게 추강秋江이라는 호를 지어 주신 선생님께선 가을처럼 여물지 못한 내 시를 꼼꼼히 읽어 주신 뒤, 열정적인 가르침을 주셨습니다. 세월호의 아픔을 함께해 오신 선생님이 아니었으면 이 시집이 나오지 못했을지도 모릅니다.

보잘것없는 저를 법어法語로 격려해 주신 고불총림 백양사 방장 지선 스님께도 감사드립니다. 1980년대 이후 민주화운동과 실천불교 지도자로서 중생을 일깨워 오신 스님께선 "세월호 참사는 이 나라 지배자들의 모든 모순이 중첩된 험한 파도가 되어 대량살상을 만든 학살로서, 이 나라만이 아니라 세계 인류의 비극이었다."고 하시며, 진상 규명과 책임자 처벌로 나라를 바로 세우고 근본을 회복해야 한다고 역설하셨지요. 사자후를 받들어 더욱 정진하겠습니다.

2015년 봄
정의행

노란 리본

초판1쇄 찍은 날 | 2015년 4월 8일
초판1쇄 펴낸 날 | 2015년 4월 10일

지은이 | 정의행
펴낸이 | 송광룡
펴낸곳 | 문학들
등록 | 2005년 8월 24일 제2005 1-2호
주소 | 61489 광주광역시 동구 학동 81-29번지 2층
전화 | 062-651-6968
팩스 | 062-651-9690
전자우편 | munhakdle@hanmail.net
값 8,000원

ⓒ 정의행 2015
ISBN 978-89-92680-99-8 03810

· 잘못된 책은 바꿔드립니다.
· 이 책 내용의 전부 또는 일부를 재사용하려면 반드시
  저작권자와 문학들의 동의를 받아야 합니다.